EMG3-0216

J-POP
CHORUS PIECE

合唱楽譜＜J-POP＞

合唱で歌いたい！J-POPコーラスピース

混声3部合唱

Remember Me

作詞：Kamikaze Boy、Jean-Ken Johnny　　作曲：Kamikaze Boy　　合唱編曲：田原晴海

••• 曲目解説 •••

ロックバンド、MAN WITH A MISSIONが2019年6月にリリースしたシングル。フジテレビ系月9ドラマ「ラジエーションハウス～放射線科の診断レポート～」の主題歌として書き下ろされました。ドラマで描かれるのは、レントゲンやCTで病変を写し出す放射線技師や、映し出された画像を読影し病気を診断する放射線科医たち。患者の病、ケガの根源を見つけ出す"縁の下のヒーロー"たちの奮闘を後押しするかのような、力強いミドルバラードです。

合唱で歌いたい！J-POPコーラス

Remember Me

作詞：Kamikaze Boy、Jean-Ken Johnny　　作曲：Kamikaze Boy　　合唱編曲：田原晴海

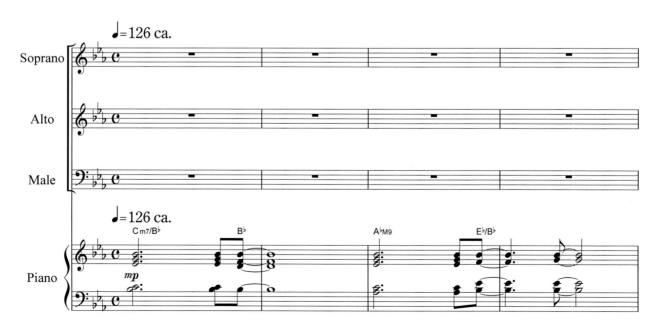

© 2019 by FUJIPACIFIC MUSIC INC.
& SDR Inc.

Remember Me

作詞：Kamikaze Boy、Jean-Ken Johnny

Light the truth together
Find it out remember

あの日　約束を信じて
ずっと時を重ねて来た
そう君だけの夢や希望
決して消させやしないため

誰かを救うその強さも
戸惑い嘆くその弱さも
今この時この場所が
明日(あす)を描(えが)く事信じて

Remember me
Whatever this result means
Remember me
We're living in a split screen
Remember me
Along again you will see, will see, will see, with me

Light the truth together
何かそう届きそうな気がした
Find it out remember
こんな星の夜は　きっと

ランタンを灯し
暗闇に道標(みちしるべ)　照らし出し
Find it out remember
夢抱(いだ)き叫んでた

Light the truth and shine your life

僕が生きる今日その意味を
ただこの手で掴むまで
ほんの僅かな後悔も
残さず歩き続けて行く

誰かの大切な笑顔が
あるべき場所にあるために
いろんな色や形　匂い
1つも　見落とさぬ様に

Remember me
Whatever this result means
Remember me
We're living in a split screen
Remember me
Along again you will see, will see, will see, with me

Find it out remember

Light the truth together
たった1つの真実を掴むまで
Find it out remember
手を伸ばし走っていくずっと
約束の日々を
何故かそう信じられる気がした
Find it out remember
願い叶う時まで

Light the truth and shine your life

Light the truth together
Find it out remember
Light the truth together
Find it out remember

エレヴァートミュージックエンターテイメントはウィンズスコアが
展開する「合唱楽譜・器楽系楽譜」を中心とした専門レーベルです。

ご注文について

エレヴァートミュージックエンターテイメントの商品は全国の楽器店、ならびに書店にてお求めになれますが、店頭でのご購入が困難な場合、当社WEBサイト・電話からのご注文で、直接ご購入が可能です。

◎当社WEBサイトでのご注文方法
elevato-music.com
上記のURLへアクセスし、オンラインショップにてご注文ください。

◎お電話でのご注文方法
TEL.0120-713-771
営業時間内に電話いただければ、電話にてご注文を承ります。

※この出版物の全部または一部を権利者に無断で複製(コピー)することは、著作権の侵害にあたり、著作権法により罰せられます。

※造本には十分注意しておりますが、万一、落丁・乱丁などの不良品がありましたらお取り替えいたします。
また、ご意見・ご感想もホームページより受け付けておりますので、お気軽にお問い合わせください。

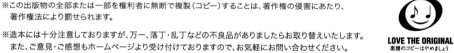